Mit freundlicher Unterstützung von:

   Otto Gamma-Stiftung   Walter Giger Stiftung

Liam, Lara und die Furka Dampfloks
© Baeschlin, Glarus 2020
Gestaltung: www.as-grafik.ch, Urs Bolz
Idee und Koordination: Beat Moser
Druck und Bindung: Grafisches Centrum Cuno, Calbe
ISBN: 978-3-85546-362-6
Alle Rechte vorbehalten.

Besuchen Sie uns im Internet: www.baeschlinverlag.ch

Baeschlin wird vom Bundesamt für Kultur mit einem Strukturbeitrag für die Jahre 2016–2020 unterstützt.

Produziert mit Materialien aus nachhaltiger Forstwirtschaft und mit lösungsmittelfreier Farbe gedruckt.

Swantje Kammerecker, seit 20 Jahren im Kanton Glarus wohnhaft, hat sich dort als Kinderbuchautorin, Journalistin und Schreibcoach einen Namen gemacht. Sie schrieb bereits sechs Kinderbücher für den Baeschlin Verlag und liebt es, mit Worten spannende Welten zu erschaffen – Geschichten, die Kinderseelen nähren und die ganze Familie begeistern.

Annika Grünewaldt Svensson wurde 1972 in Urshult (S) geboren und studierte in Växjö «Art and Form». Die freischaffende Künstlerin liebt es, Tiere und Menschen in realistischen Landschaften darzustellen. Für Baeschlin hat sie bereits die beiden «Benjamin»-Bücher und den Klassiker «Dr. Dolittle und seine Tiere» illustriert.

Liam, Lara und die Furka Dampfloks

Swantje Kammerecker
Annika Svensson

BAESCHLIN

Ich heisse Liam und werde heute neun Jahre alt!

Ich bin ein Sommergeburtstagskind. Sommer heisst bei uns
in Süd-Vietnam: Regenzeit. Es regnet jeden Tag stundenlang.
Viele mögen den Regensommer nicht, aber ich schon:
Er verwandelt unser Dorf im tropischen Regenwald in
ein richtiges Matschparadies. Er lässt den Wald duften und
die Vögel singen. «Der Regen erzählt uns Geschichten»,
sagt mein Grossvater Tien immer.

Ich mag es, still im Haus zu sitzen und dem Regen zu lauschen.
Aber noch lieber habe ich es, wenn Grossvater an meinem
Geburtstag für mich und meine Freunde seine Lieblingsgeschichte
erzählt. Er hat sie selbst erlebt! Sie beginnt vor langer Zeit,
noch bevor mein Papa geboren wurde.

Grossvater Tien hatte als Kind einen Traum: Er wollte Lokführer werden wie sein Freund Tuan. Der war viel älter und steuerte Dampfzüge die steile Strecke durch den Urwald den Berg hinauf. Manchmal durfte mein Grossvater mitfahren und helfen, Kohlen in die Feuerbüchse der Lok zu schaufeln.
Tien wollte alles über Dampfloks wissen. Tuan erzählte ihm, dass unsere Loks in einem kleinen Land auf der anderen Seite der Erdkugel gebaut worden waren.

Ein Land mit hohen weissen Bergen und einem lustigen Namen: «Swiz»! Und übers Meer sollen die Loks gekommen sein, in riesigen Schiffen, erzählte Tuan. Übers Meer? Tausende Kilometer? Tien fragte Tuan Löcher in den Bauch.
Da gab ihm Tuan sein Buch für Dampflokführer zu lesen.
Als Grossvater 15 Jahre alt war, wusste er alles daraus auswendig.
Obwohl es in einer fremden Sprache war – in Französisch!

Doch dann brach Krieg aus: Bomben fielen aufs ganze Land. Die Gleise und Brücken der Dampfbahnstrecke wurden zerstört.
Einmal kamen Soldaten, jagten Tuan, Tien und die anderen aus dem Zug und sprengten die Lok in die Luft. Wieder und wieder reparierten die Männer Loks und Gleise. Sie gaben nicht auf.

Irgendwann war der Krieg zu Ende. Die Bahnstrecke lag in Trümmern, die Loks konnten nicht mehr fahren. Tien half Tuan dabei, mehrere Loks sicher unter Dach abzustellen. Die übrigen blieben im Urwald stehen und begannen, vor sich hinzurosten. Grossvaters Traum war aus. Er wurde Lastwagenfahrer statt Lokführer. Doch er schwor sich, die Loks sein Leben lang zu bewachen und zu beschützen.

Solange, bis sie endlich wieder fahren würden.

Die Leute im Dorf lachten ihn aus. Sie nahmen die alten Bahnschienen
und bauten damit Brücken über den Fluss. Manchmal kamen nachts Diebe,
die es auf Schrauben und Bleche der Loks abgesehen hatten.
Doch Tien schlug sie alle in die Flucht. Er schnitt auch Büsche und Bäume ab,
die in die Loks hineinwuchsen. Er polierte ihre Nummernschilder.
Manchmal murmelte er Sätze aus dem Lokführerbuch vor sich hin,
aber niemand verstand ihn, weil es auf Französisch war.
Alle nannten ihn den verrückten Mann. Nur nicht die Kinder. Die liebten es,
auf seine Touren zu den Loks mitzukommen! In seiner Lieblingslok durften sie
jeweils spielen und erlebten dabei die tollsten Abenteuer.

Inzwischen hatte Tien selber einen Sohn bekommen –
meinen Papa. Der wuchs mit den Loks auf und konnte
nie genug von ihnen kriegen. Tien hatte ihn Luc genannt.
Das ist Französisch und klingt wie Lok.

**«Wenn ich gross bin, fahr' ich
mit unserer Dampfbahn nach Swiz!»,**

verkündete Luc. «Haha, und wir fliegen auf den Mond!»,
lachten ihn die anderen Kinder aus.
Doch die sollten sich noch wundern …

«Papa! Da sind fremde Leute, die wollen zu dir!»

Atemlos kam Luc eines Tages angerannt. Tien sass gerade beim
Nachmittagstee. Im Nebel näherte sich eine Gruppe Bleichgesichter –
wie Gespenster. Tien erschrak: Waren es Diebe, Betrüger, Ausserirdische? Nein!
Die Männer kamen aus der Swiz! Sie suchten die Loks im Dschungel,
um sie zu retten. Sie sollten bald wieder in ihrem Land fahren, wo sie auch
gebaut worden waren. Die Leute zeigten Grossvater alte Bilder
von seiner Lieblingslok, die durch schneebedeckte Berge dampft!

Der Chef, Loki-Fritz, bat ihn: «Helfen Sie uns, Monsieur Tien!
Unsere Aufgabe ist sehr schwierig: Wir müssen die Loks finden
und aus dem Urwald wieder nach Hause bringen.»
Tien war stolz, weil er so lange gut auf die Loks aufgepasst hatte!
Er wollte helfen und bei diesem aufregenden Abenteuer mitmachen!
Noch lange sassen die Männer am Tisch, redeten, tranken Tee.
Und mein Papa Luc bekam eine wunderbare Leckerei
aus der Swiz geschenkt.

Auch heute lauschen meine Freunde und ich ganz still Grossvaters Geschichte.
Regen trommelt aufs Dach. Als Grossvater eine kleine Pause beim Erzählen macht,
öffnet sich plötzlich die Tür. Meine Eltern sind von der Arbeit gekommen!
Chi, meine Mama, bringt uns feines Gebäck. Mein Papa Luc hält aufgeregt
einen Brief mit einer fremden Schrift in der Hand: «Aus der Swiz!»

In Oberwald, einem Dorf in der Schweiz, feiert noch ein Kind seinen neunten Geburtstag:

Ich, Lara!

Mama, Opa, meine Brüder und ich sitzen gemütlich am schön gedeckten Tisch. Heute geht mein grosser Wunsch in Erfüllung: Unser Opa, Loki-Fritz genannt, erzählt vom grössten Abenteuer seines Lebens. Er ist vor vielen Jahren in den Urwald nach Vietnam gereist, um die alten Loks der Furka-Dampfbahn zu suchen und zu retten.

«Wir waren 13 Männer aus der Schweiz. Und noch einer machte mit: ein Mann aus dem Dorf im Regenwald, Tien. Alle dort nannten ihn nur den verrückten Mann.
Aber er war der Beste!» – «War Tien der Stärkste?»
Ich stelle mir vor, wie alle 14 Männer die Loks hochheben und wegtragen. Opa lacht: «Nein!

Tien war ein kleiner Mann, aber schlau. Ein super Dampflok-Kenner!

Und er kannte auch jeden Weg, jeden Stein, jedes Gebüsch in der Gegend. Ohne ihn hätten wir es nie geschafft. Wir mussten die schweren Dampfrösser auf riesige Lastwagen laden und über eine steile Strasse mit ganz vielen Kurven ins Tal bringen! Unsere Karawane war so schwer, dass wir Angst hatten: Was, wenn unter uns eine Brücke einbricht? Oder der ganze Transport von der Strasse ins Tal stürzt? Ausserdem hat es ganz viel geregnet, man sah oft nur noch dicken Nebel!» – «Huh!» Das hört sich so gefährlich an, dass ich die Augen zumache.

Opa nimmt meine Hand: «Keine Angst, Lara, ich lebe ja noch!
Aber mitten im grossen Lok-Abenteuer wurde ich schwer krank.
Ich hatte Malaria, das kam von den Mücken dort.
Mit hohem Fieber musste ich ins Spital.» In dieser Zeit, so erzählt Opa Fritz,
machten Tien und die anderen zwölf Männer weiter. Sie brachten vier
von den Loks heil ins Tal, obwohl es sehr schwer war: Manchmal mussten sie
neue Wege bauen oder Gleise verlegen. Zuletzt mussten sie sogar nachts fahren,
sonst hätten sie es nicht mehr rechtzeitig geschafft. Denn unten am Meer
lag ein Schiff im Hafen, das schon lange auf sie und die Loks wartete.

Opa kam gerade aus dem Spital, als die Männer mit den Loks
am Hafen eintrafen. Es gab ein grosses Wiedersehens- und Abschiedsfest.
Tien und Loki-Fritz wurden wie Helden gefeiert. Sie waren Freunde
geworden. «Ich habe Tien versprochen, dass wir die Loks reparieren
und dass sie in der Schweiz wieder die Berge rauf fahren würden!»

Opa seufzt. Er winkt mich heran und öffnet eine Schachtel voll mit Bildern
und Heften. Jetzt hält er mir einen Brief hin: «Schau, den habe ich
an Tien geschrieben. Das Foto zeigt die erste Fahrt seiner reparierten
Lieblingslok über die Furka! Das war lange vor deiner Geburt. Aber der Brief
kam wieder zu mir zurück!» Ich reisse die Augen auf: «Hast du es denn
nur einmal probiert?» Opa zuckt mit den Schultern: «Ich glaube, es gibt dort
zu viele Männer, die Tien heissen. Die Post hat den richtigen nicht gefunden.» –
«Aber Tien hatte doch noch einen Sohn...», beginne ich, und Opa ruft:

«Ja, natürlich! Und der hatte einen ganz seltenen Namen, warum habe ich nie daran gedacht? Luc heisst er!»

«Lok?» Ich muss lachen. «Na, fast, Luc. Luc Nguyen.» – «Aber Opa,
den finden wir, davon gibt es sicher nicht so viele in diesem kleinen Dorf.
Und dann schreiben wir nochmals einen Brief.»

Heute ist ein ganz besonderes Geburtstagsfest!

Ich, Lara aus der Schweiz, und mein neuer Freund Liam aus Vietnam,
feiern heute unseren zehnten Geburtstag auf der Furka-Dampfbahn.
Vor einem Jahr kam bei Liams Papa Luc ein Brief an. Von Loki-Fritz, meinem Opa.
Der schrieb, dass sie kommen sollten, Tien und Luc, und die Kinder von Luc,
falls er welche habe. Er wolle ihnen zeigen, was aus den alten, kaputten
Dampfrössern aus dem Urwald geworden ist: Prachtloks, die in schönstem
Glanz erstrahlen und stark wie 500 Pferde sind.

Ja, sie wurden alle wieder geflickt und ziehen Jahr um Jahr, Zug um Zug jubelnde Kinder und Erwachsene über die steilen Berge am Furkapass. Liam sagt, als sein Vater Luc den Brief laut vorlas, musste Grossvater Tien vor Freude weinen. Er konnte es kaum glauben, dass sie wirklich so eine weite Reise machen würden. Doch die Dampflokfreunde in der Schweiz haben es geschafft, während des letzten Jahres alles zu organisieren. Und nun sind die Gäste aus Vietnam hier. Ganz viele Leute sind am Bahnhof von Oberwald versammelt, die Lieblingslok von Tien ist festlich geschmückt.

Es ist ein warmer Sommertag. Für unsere Grossväter Tien und Fritz und für alle anderen Retter der Furkabahn gibt es einen Riesenapplaus. Der ehemalige Schweizer Verkehrsminister hält eine Rede:

«Unsere Dampfbahn Furka-Bergstrecke hat heute Geburtstag:

Seit zehn Jahren fahren nun jeden Sommer wieder Dampfzüge von Oberwald nach Realp. Möge es noch lange so bleiben!»

Liam und ich aber können es kaum erwarten, bis die Dampffahrt endlich losgeht. Auch die Lok schnauft ungeduldig und stösst dicke Schwaden in die Luft. Da, ein lauter Pfiff! «Einsteigen!», ruft Opa Fritz. Schnell klettern alle in den Wagen und nehmen auf den Holzbänken Platz. Nochmals ertönt ein lautes Pfeifen, und schon fährt die Lok an. Nun steigt unser Dampfzug steil am Berghang empor.

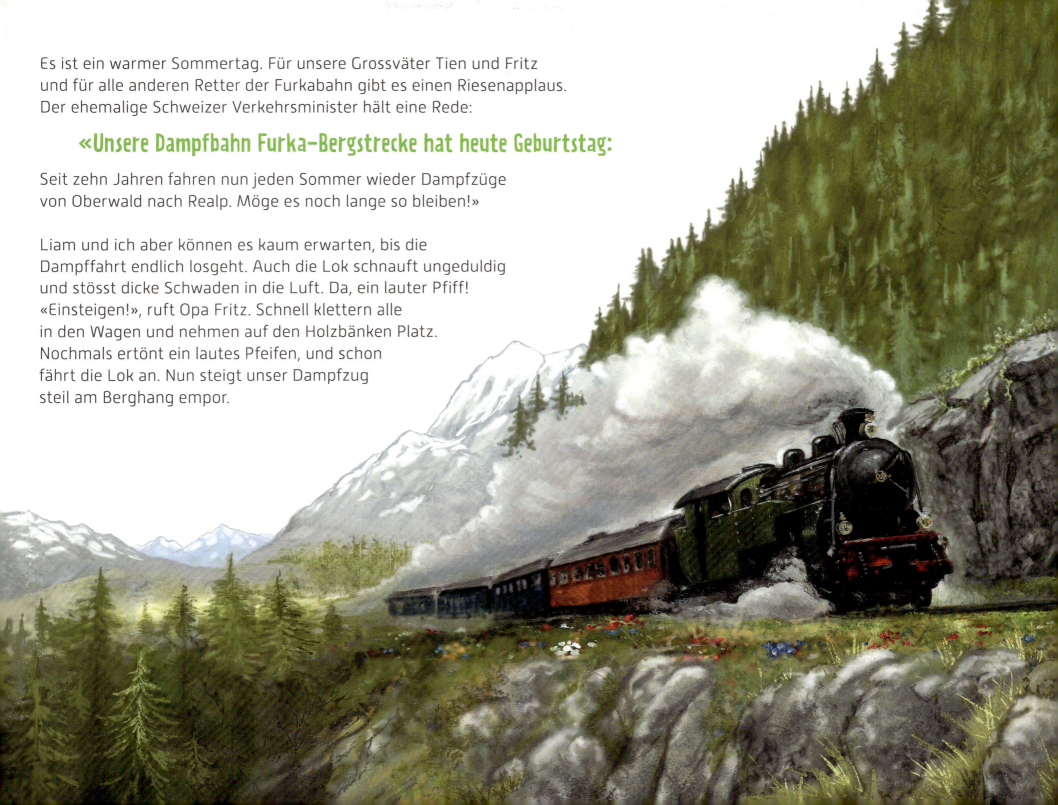

Er erreicht eine Schlucht mit hohen Bäumen und überquert einen tosenden Fluss.

«Achtung, Fenster zu, jetzt kommt ein Tunnel!»,

ruft Opa Fritz, und es wird dunkel.

Auf der anderen Seite des Tunnels sieht es ganz anders aus: Liam staunt über die schneebedeckten Gipfel, die Bergwiesen und Nadelbäume.
«Bei uns sieht der Wald ganz anders aus», ruft er, und dann: «Was ist denn das für ein Tier?»

Der Zug hält an verschiedenen Stationen.
Leute steigen aus und ein, der Kessel der Lok
wird mit frischem Wasser befüllt:

«Denn ohne Wasser kein Dampf!»,

sagt Opa Fritz.

Nachdem wir eine Pause an der höchsten Stelle
gemacht haben, schnauft der Zug wieder ins Tal hinab.
Ich frage: «Opa, warum rutschen wir nicht mit
dem schweren Zug den Berg runter?»
Liam und ich erfahren, dass die Dampfloks
als Antrieb und zum Bremsen mehrere Zahnräder
haben. Wenn sie in die Zahnstange zwischen
den Gleisen eingeklinkt sind, kann der Zug sicher
die Berge hinauf- und hinunterklettern – und noch
schwere Lasten schleppen. Nur im Winter liegt
die Strecke unterm Schnee in tiefem Winterschlaf.
Dann werden die Tunnels mit Holztüren verschlossen.
Es wird sogar eine Eisenbahnbrücke abgebaut,
damit sie nicht von Lawinen zerstört wird.

Die abenteuerliche Fahrt von Oberwald bis Realp dauert zwei Stunden. Dort angekommen, will uns Opa noch die Depotwerkstätte mit der Lokremise zeigen und uns dann auf ein Eis einladen.

Aber als wir aus dem Zug aussteigen, gibt es ein Gewitter mit
einem heftigen Platzregen. Eilig rennen die anderen Fahrgäste unters Dach.
Nur Liam und ich bleiben wie verzaubert stehen. Wir strecken die Arme aus,
schliessen die Augen und geniessen den Duft des feuchten Waldes,
in dem noch eine Spur vom Loki-Rauch hängt.

**«Happy Birthday, Liam!» – «Happy Birthday, Lara!» –
Happy Birthday, Furka-Dampfbahn!**

Die Geschichte der Furka-Dampfbahn

1914 Die Bauarbeiten bei der mit französischem Kapital finanzierten Furka-Bahn Brig–Furka–Disentis (BFD) begannen im Juni 1911. Kurz vor Ausbruch des Ersten Weltkrieges konnte der Teilabschnitt Brig–Oberwald–Gletsch in Betrieb genommen werden. Fehlendes Personal und Probleme beim Vortrieb des 1874 m langen Furka-Scheiteltunnels verzögerten den Weiterbau. Bei der BFD standen ursprünglich insgesamt zehn Dampflokomotiven mit der Typenbezeichnung HG 3/4 Nr. 1 bis 10 im Einsatz. Sie waren von der Schweizerischen Lokomotiv- und Maschinenfabrik (SLM) in Winterthur gebaut worden. Die Bahngesellschaft ging 1923 in Konkurs und wurde aufgelöst.

1926 Vorwiegend aus militärischen Gründen entschied sich die Schweizer Bundesregierung für die Fertigstellung der knapp 100 km langen Bahnstrecke in strategisch wichtigem Gebiet. Nach der Gründung der neuen Betriebsgesellschaft mit dem Namen Furka-Oberalp-Bahn AG wurden 1925 die Gleisanlagen und Bauwerke vollendet. So konnte am 3. Juli 1926 die durchgehende Eröffnung der Bahnverbindung von Brig via Andermatt nach Disentis/Mustér gefeiert werden. Im Jahr 1930 nahm dann der Glacier Express seine Fahrten zwischen Zermatt und Chur/St. Moritz auf. Bis 1942 erhielt die Furka-Oberalp-Bahn eine elektrische Fahrleitung, womit die Dampflokomotiven arbeitslos wurden.

1981 Mit dem Entscheid zum Bau des 15,44 km langen Furka-Basistunnels zwischen Oberwald und Realp schien der Abbruch der Bergstrecke besiegelt. So fuhren im Sommer 1981 die letzten mit Elektrolokomotiven beförderten Reisezüge über die Furka. In der Folge verfiel die Trasse in einen Dornröschenschlaf. Zur Rettung der am Rhonegletscher vorbeiführenden Schienenverbindung formierte sich der Verein Furka-Bergstrecke (VFB). Seine Mitglieder begannen in Freiwilligenarbeit von der Basis in Realp aus mit der etappierten Sanierung der stillgelegten Anlagen, die schliesslich in den Besitz der 1985 gegründeten Dampfbahn Furka-Bergstrecke AG (DFB) übergingen.

1990 Vier Dampfloks der Furka-Oberalp-Bahn wurden 1947 nach Vietnam verkauft, wo sie fast 30 Jahre lang im Hochland zwischen Song Pha und Da Lat verkehrten. Dort fuhren sie zusammen mit neun leistungsstärkeren Triebfahrzeugen des Typs HG 4/4 Nr. 701 bis 709 (Baujahre 1923 bis 1930), die ebenfalls von der SLM Winterthur konstruiert worden waren. Mutige Pioniere der DFB schafften es im Herbst 1990, bei der viel beachteten Aktion «Back to Switzerland» vier nicht mehr betriebsfähige Maschinen der Typen HG 3/4 und HG 4/4 in die Schweiz zurückzuholen. Sie sollten aufgearbeitet und mit den heute vorgeschriebenen Sicherheitseinrichtungen ausgerüstet werden.

2010 Dank einer grosszügigen Einzelspende konnte die Sanierung der 17,8 km langen Furka-Bergstrecke im Jahr 2010 abgeschlossen werden. Gleichzeitig realisierte man in Realp und Oberwald auch Gleisverbindungen zur Matterhorn Gotthard Bahn. Am 12. August 2010 fand die Eröffnung und Inbetriebnahme der endlich wieder durchgehend befahrbaren Bahnverbindung am Furkapass statt. Seitdem verkehren jeden Sommer während über 50 Betriebstagen historische Dampf- und Dieselzüge mit sorgfältig restauriertem Rollmaterial im Stil der 1930er Jahre. Es sind jährlich fast 30 000 Personen, die sich dieses ungewöhnliche Reiseerlebnis in den Schweizer Hochalpen gönnen.

2019 Mit der Inbetriebnahme der technisch ungewöhnlich konstruierten Vierkuppler-Dampflok HG 4/4 Nr. 704 realisierte die DFB am 25. Juni 2019 einen weiteren Meilenstein. Das kohlegefeuerte Triebfahrzeug aus Vietnam wurde zwischen 2006 und 2018 in Freiwilligenarbeit umfassend erneuert. Sie gilt aktuell als Europas leistungsstärkste Schmalspur-Dampflokomotive mit kombiniertem Adhäsions- und Zahnradantrieb. Im Jahr 2022 soll dann auch die baugleiche HG 4/4 Nr. 708 in betriebsfähigem Zustand auf der Furka-Bergstrecke fahren und den Fahrgästen die zahlreichen Sehenswürdigkeiten inmitten einer wenig besiedelten Alplandschaft zugänglich machen.

Die Dampfbahn Furka-Bergstrecke

Die Furka-Dampfbahn fährt jeweils von Ende Juni bis Ende September. Während der gut zweistündigen Erlebnisfahrt können die Reisenden die über 100 Jahre alte Technik der Schweizer Eisenbahnpioniere im Einsatz bewundern. Die sorgfältig restaurierten Lokomotiven und Wagen erklimmen mit Zahnradantrieb bis 118 Promille steile Rampen.
Die Aktiengesellschaft Dampfbahn Furka-Bergstrecke AG (DFB) mit über 14 000 Aktionären ist die Betreiberin und Konzessionsträgerin. Der Verein Furka-Bergstrecke (VFB) mit 7500 Mitgliedern in 11 schweizerischen und 10 ausländischen Sektionen kümmert sich vorwiegend um die Rekrutierung und Betreuung der Frondienst-Mitarbeitenden. Für die Sicherung des Kulturgutes, die Mittelbeschaffung und zur Bereitstellung von Investitionen zeichnet die Stiftung Furka-Bergstrecke (SFB) verantwortlich. Bei den Arbeiten an der Strecke, im Betrieb, in den Werkstätten und in den administrativen Bereichen sind etwa 700 Freiwillige tätig.
Informationen: www.dfb.ch

Die Erlebniswelt der Dampfbahn Furka-Bergstrecke